JN201996

歌集

百通り

Hyaku-Tori

Motohisa Nagamine

長嶺元久

本阿弥書店

歌集　百通り　目次

I

「にっこり」に遇ふ　11
ゆく年くる年　16
でんき予報　19
海馬　22
不死身なりけり　28
コラール　31
大魚よし　33
薫風　37
えびの号　41
百通り　47
病葉　55
MRさん　61

ところてん　64
冬の医院　67
ノートパソコン　70
吸気と呼気　75
白　81
落葉の群れ　84
てつぺんかけたか　88

II

むらぎもの　93
連れ合ひ　98
ぢりぢりぢりと　103
同じ人　108

大還暦 111
牧水 117
ドラえもんのポケット 122
有平棒 126
薬を下さい 129
面差し 134
釦 140
銀杏城 144
灯して眠る 149
歩く 153
横紋筋 156
ピエロ 161
歌丸師匠 163

橘橋　167
主治医　169
あとがき　176

装幀　間村俊一

歌集　百通り

長嶺元久

I

「につこり」に遇ふ

おのおのの持ちたる杖の薔薇椿牡丹咲きをり待合室に

「天皇と同じ手術を受けました」頭掻きつつ翁は言ひぬ

キーボードを「ＧＡＮＮ」と打てば癌眼の順に現はるわがパソコンは

再発の確率高き癌切りし人より届きぬ快気祝が

原発といへる言葉は「原発性」「原発巣」とわれは使ひき

いかにして転移せる癌を伝へむか診て来し媼のカルテは厚し

学会のガイドラインにをさまらぬ人をも確とわれ流に診る

メーカーの薬の広告巧みなり見習ふべしや「暮しの手帖」

力量と人となりとを見極めて適へる医師に紹介はする

早飯はときに役立つこともあり診療の間に昼餉は五分

みづからの胸部X線フィルムをシャウカステンにかけて視る時

「おいお前疲れてゐるぞ」帯状に痛みをきたしヘルペスが告ぐ

いち日の診療のなかいたつきの癒えたる人の「につこり」に遇ふ

ゆく年くる年

一年に逝きたる人ら十人の顔思ひ出づカルテを見つつ

ホームから家に迎へてわが母と一緒に過ごす晦日三箇日

いただきし新酒「ゆく年くる年」を晦日に飲むか明けてにせむか

除夜の鐘無料に撞きてたまはりぬお坊さんより年賀の飴を

初日の出拝める妻のかたはらにわれはテレビに狂言観をり

初詣母の足取り去年より僅かなれども遅くなりたり

元旦にドクターヘリに処置をする次男の姿ネットに見たり

背広着ず白衣まとはずジャンパーに過ごす日尽きぬ一月三日

でんき予報

真剣な面持ちにみな聴きてをり計画停電の説明会に

九電の電力需給の説明はわれには聞こゆ「原発恋し」

わが医院は「A10」といふ区分なり計画停電の対象に入る

二時間分蓄電し得るプリンター、ノートパソコン注文したり

新燃岳の上空の風の予報去り「でんき予報」が1面に載る

原発性収益希求症なりや電力会社自治体国は

海馬

松茸にむかご、ぎんなん味はひぬ敬老の日に母を迎へて

「ぬり絵など好かぬ」と母はこぼしたり老人ホームのレクリエーションに

クレヨンを持てあましけりわれもまた小学校の図工の時間

漢字の読み、書き取り、習字、計算は他に負けぬと母は語るも

「きのふ買つたワンピースが無い、盗まれた」施設の人に訴ふるなり

給食のご飯残してこつそりと母は喰ふとふクリームパンを

処方したる薬に毒が含まれてないかと母は妻に問ひたり

通帳を管理し母に現金を持たせぬわれに不満あるらし

いくたびか東京ドームへ野球見にわれと行きしをいくたびも言ふ

朝七時母より電話かかり来ぬ「ゆふべ夢みた、元久無事か」

長谷川式テストの二十八点が五点下がりぬ二年のうちに

母の頭部ＭＲＩを撮りたれば海馬の萎縮明らかならず

認知症ありや診断おぼろなり「アリセプト」の効能書を読む

けふもまたシルバーカーを手にしつつ母はホームを歩みゐるらむ

医師として長男としてわが母の老いの深みを目守《まも》りゆくなり

不死身なりけり

幼き日祖母に連れられ東映の時代劇をばあまた観たりき

手下らを上手に使ひ下手人の手に縄打ちぬ手練の十手

柳太朗、橋蔵、新伍、錦之助、いまや何れもこの世に居らず

悪役は不死身なりけり危められ次の映画にまた斬られをり

悪役といへば進藤英太郎、山形勲のおもざし浮かぶ

「曲者ぢや、であへ出会へ」といふ台詞映画テレビに幾たび聞きし

コラール

つはぶきの咲ける古刹に木魚の音《ね》とよもす父の十七回忌

日頃には会ふことの無き親族《うから》らとともに唱へり般若心経

高校のロザリオ会とふサークルにわれは新約聖書を読みき

クリスチャンにあらざるわれが肩組みて友と唄へるラ・サール讃歌

バッハ作コラールの曲のしみとほる数珠を両手に祈れるわれに

大魚よし

築地より安くうまきか宮崎に客の寄り来る鮨屋さんあり

大将の髪はみじかし甲子園めざししキャッチャー、キャプテンなりき

朝七時市場帰りの大将と散歩のわれと「おはやう」かはす

車海老われに喰はれて残る尾がしばらくをどり躍りてゐたり

来るたびにねたケースにてしろがねの光をわれに小鰭が放つ

ふんはりととろけゆきたりわが妻はあなご穴子と声あげて食ぶ

をりをりに日向の海に獲られたる蛤鱧に牡蠣が並ぶよ

夏場には一ツ瀬川のみなかみを泳ぎし鮎の塩焼きが出づ

大魚《おふを》よし鮪《しび》の旨きを大鮨といふ名の店に味はひてをり

薫風

トンネルをくぐり抜けたる瞬間にエコーの白きが赤ちゃんとなる

一メートルの距離を保ちてまみえたり生まれて二時間ばかりの孫に

産道を一箇月前にくぐり来しみどり児けふは鳥居を潜る

七種類十八回のワクチンを六箇月までに児らは受くべし

前にまだ進み得ぬ児が来週のはひはひ競争にエントリーせり

鯉のぼり五月人形武者のぼり鎧兜を見て回りたり

三箇月十一箇月をむかへたる男《を》の子二人の五月の節句

薫風を時に受けつつベランダに百五十センチが泳ぎゐるなり

長じなば弘法大師のごとくあれ直《なお》弘君よ侑《ゆき》弘君よ
行く末は本田圭佑かイチローか男の子二歳と球あそびする

えびの号

駅舎にはいつも足場の組まれゐるごとくに見ゆる宮崎駅よ

駅のそばのビルの大型ディスプレー辺りに音をひびかせてをり

囲むがにホテルマンション立ちゆけり駅舎の鳩はけふもしき啼く

あたらしきＪＲホテル立つ向かひに昔ながらの秀坂旅館

「西口も東口もなき宮崎駅人ことごとく一方に出づ」『海号の歌』

「西口も東口もなき」と詠はれし宮崎駅にいづれも出来ぬ

西口から東口へと乳母車シルバーカーも一分で着く

ぽつぽつと乗り込む客を受けながらぼちぼち進むタクシーの列

つぎつぎに新婚客の降り立ちて観光バスに乗り込みし日あり

「ケンタッキーフライドチキン」と隣りつつ客のにぎはふ「豊吉うどん」

駅員がいまだ切符を手に取りて一枚ごとにスタンプを押す

中学の同級生がそのかみに集団就職列車に発ちき

妻駅からのりたるわれはこの駅に「えびの号」へと乗り換へにけり

ループ線スイッチバックを備へゐる肥薩線経て熊本駅へ

「えびの号」いまや走らず熊本行き高速バスに乗る駅となる

「いつ見ても工事中だね」友来れば言はれてしまふ宮崎駅は

百通り

たて書きが歌人の名刺よこ書きは内科医のものポケットに持つ

患家にてわが診る人の枕辺に「ピース」の箱がひとつ置かれぬ

癌病みし身にもう痛みあらざらむ翁の面《おも》を朝日が照らす

肺癌の翁は見けむ若き日に「今日も元気だたばこがうまい！」

連れ合ひを亡くしし媼繰り出だす想ひ出話を終はりまで聴く

休まずに碁会に出でし翁けふ黄泉にてともに打つ人ありや

点滴を受けなば病ことごとく癒えゆくものと信ずる媼

「血管の機嫌がけふは悪いのね」媼は再度腕を差し出す

「わたくしが生きてるかぎり先生はお元気でゐて診てくださいね」

膵癌にわれがかかれる夢を見ぬ主治医の前にをののきゐたり

モンスターペイシェントをも包みこむウルトラいいやアンパンマンよ

ＢＭＩ三十越ゆる社長さんと十八を切る専務さんを診る

胸元に「ブルーサークル」光らせてわれは診療にけふも勤しむ

ヘモグロビンエイワンシーの七切らぬ人と手だてを講じてやまず

ヘルシーは三角食べ、ばつかり食べ、料亭食べのいづれならむか

順番は野菜魚肉ご飯なり食後血糖上がらぬやうに

むかうから両手にスティック携へて媼歩み来　ノルディックなり

「インスリン治療をけふから始めませう」「………」「次にしますか」

どの針がいちばん痛み少なしやわが大腿に幾たびか打つ

まめやかに糖尿病の療養に努めし人が火難に果てぬ

百人の生まれ出づれば百通り生き方のあり逝き方がある

病葉

朝朝に牛の乳汁《ちしる》をいただきて夕に時をりししむらを食ぶ

乳牛や肉牛とよぶ小生をいかに呼ばむかかの世に牛頭《ごづ》は

医学書に動物の名が載りてをり犬歯、猫喘《べうぜん》、牛眼、猿手

虫たちが頭のうちに棲みゐるや蝸牛、蜘蛛膜、蝶形骨よ

そのかみの犬の鳴き声聞かまほし「べうべう」といふけもののこゑを

鮨屋さんの生け簀におよぐ大きなる九絵の眼《まなこ》としばらく見合ふ

東京の五輪開催決まりたる日にも幾多の病葉《わくらば》は落つ

われ見ばや春夏秋冬樹木医の診る弘前城のさくら樹を

「伸び過ぎ」の世評に負けずアーケード見下ろして立つワシントニアパーム

ひと枝のみ青葉残れるほるとの樹弁慶のごと道の辺に立つ

臨終をむかへたるらし花芽、葉をふたとせつけぬわが庭の梅

らふそくの炎のごとき木蓮の白きはなびら開かぬが佳き

片脚に三十秒間立ちをればわが身の重みひしひしとあり

お隣の紳士より早く用足しぬまだ若きかな前立腺は

宮崎市出身の某歌手がテレビ漫画「エイトマン」の主題歌や歌謡曲「さすらい」を唄った。

「エイトマン」唄ひし男ひつそりと七十五歳にさすらひ終へぬ

水銀は身近にあるぞ血圧の単位はいまもmmHg《ミリエイチジー》

ＭＲさん

プロパーといへる言葉は去りゆきてＭＲさんにやうやく慣れぬ

「ＭＲ」引けば「医薬情報担当者」広辞苑第六版にあり

新薬のパンフレットと名の入れる品を持ちて来ＭＲさんは

薬の名入りたる品の遷りゆくボールペンからＵＳＢに

外資系国内問はず医薬品業界の競争熾烈なり

あたらしき情報はなく薬の名連呼するＭＲさん居り

診療を終ふればけふも三名のＭＲさんが面会を待つ

ところてん

日日に飲む牛乳を迷ひをりアイスかホットか霜月の朝

果物の別の呼名は水菓子ぞ控ふべし日に一単位まで

体やせ心太らむ食べ物よわれの好めるところてんかな

乳ふさのごとき絹ごし豆腐あり箸を使ふかスプーンにせむか

お絞り屋さんに尋ぬればわかるとふ飲み食ひ屋さんの繁盛具合

白焼きかせいろ蒸しかはた蒲焼きか茂吉に負けず貪りてをり

冬の医院

立秋にインフルエンザワクチンの注文予定を尋ねられたり

シーズンをたたかひ抜かむタミフルと検査キットを援軍にして

リレンザやイナビルの手も借りるなりなかんづく十代の患者には

インフルエンザ猛るさなかにワクチンを受けに医院に来る人のあり

二日後にセンター試験迫りたる一浪を診る三十九度を

ノロウイルス、インフルエンザ、感冒にひと日暮れゆく冬の医院は

八十人やつと診終へたる夕べには紹介状と診断書が待つ

椎葉より駆けつけ来たる病人《やまうど》の車の屋根に雪残りをり

ノートパソコン

ＮＥＣＰＣ９８０１を手にしき昭和六十二年に
電源を入れて三分待ちにけりキーボード入力始むるまでに

「一太郎」「花子」「ザ・カード」そのかみに使ひなれにしソフトウェアなり

新品のノートパソコン届きたり「定年です」と古きをたたむ

われよりもわれの情報蓄ふるノートパソコンにわれをたづねつ

広辞苑第六版の「さびしむ」の用例に載る牧水のうた

頁繰る傍線をひく重石にす　どうだ出来まい電子辞書には

遊んではをらぬと文字が言ひてをり漢文の「兮《けい》」「焉《えん》」「矣《い》」を見れば

いろは歌五十音図に含まれずしりとり遊びにうとまるる仮名

三十年使ふリフィルとけふ買へる白きが隣るシステム手帳

穂先にて紙を撫でゆくやはらかさ悪筆の我ふでペンをもつ

いつぺんに十八枚を食べくるるうまし美味しと古き書類を

吸気と呼気

キーボードたたきてをれば誤りぬ介護保険を愛護保険と

介護保険の主治医意見書六通に認知症の病名無きはなし

「野菜の名知ってるかぎり挙げなさい」診療終へてわれにも試す

呆けたる妻の介護にあけくるる翁はてたり脳卒中に

「お大事に」言へば「実は」と切り出せる媼の話に耳かたむくる

いつの日か誰かの氏名記入せむ死亡診断書抽斗に置く

「図書」といふ雑誌にエッセー書きてをり「『吸気』と『呼気』」を徳永進

赤ちゃんの息は吸気に始まりて次の呼気にて「おぎやあ」と発す

人間の最後の息は呼気といふ「借りてゐた空気を宇宙に帰す」

ラベンダー仄かにかをるカルテありいかなる人の移り香なりや

押し花の栞をいつも挿みをり生花《はな》の師匠は血圧手帳に

わが家の真上を飛べるジェット機の腹部をわれはまじまじと診る

「おまへじやま」「御前こそ邪魔」居間にまで医書と歌集が領地を競ふ

はるかなる先達なりや鷗外をはじめに茂吉、到、三四二は

両立といへる言葉の重きかな医学の進歩短歌の歴史

白

白黒の写真、テレビと育ちけり昭和二十六年生まれのわれは

濃みどりの黒板の上に先生はしろ、あか、きいろの白墨用ゐき

塩味のすこし利きたる白菜をさくさくと食ぶ白飯に添へ

胆嚢にエコー当つれば白き影体位に動く八ミリの見ゆ

白無垢の花嫁のごと臥してをり六十歳の従妹は柩に

白髪の人は禿げぬといふ伝へ信じしわが髪疎らになりぬ

落葉の群れ

半世紀前の自分を見るごとし校医のわれは少年を診る

アルコール付き合ひ程度と書きくれぬ問診用紙に高校生が

食べ得ざる少女をくまなく診てゆけば臍のピアスのきらめきてをり

リストラを言ひ渡されたる壮年に三箇月分の処方を記しつ

「手袋に指がすんなり入ります」手術終へたるリウマチの人

意識無き人を診たれば「人形の目現象」は保たれてをり

十九年経ちて幾多の疵負へるカルテの媼なほ恙なし

白き歯を三十二本いまだ持つ傘寿の翁に秘訣を訊きぬ

黄色ありくれなゐのありわが医院にけふも寄り来る落葉の群れ

てつぺんかけたか

女子プロよりネーム入りたるゴルフボール贈られて迷ふ打つか飾るか

ゴルフ場に出かくるたびにわたくしはゴールデンベアのポロシャツを着る

はるかなる尾鈴の山に届けむか1番ホールにスタンスをとる

打ち上げのロングホールに振り抜けば「てつぺんかけたか」ひびきわたれり

立札に「マムシに注意！」書かれたるOBゾーンにボールをさがす

はつ夏の池に白球打ちこみぬ低き声にて牛蛙啼く

ひさびさにナイスショットを連発しフェアウェイを行く夢より醒めぬ

Ⅱ

むらぎもの

いまは亡き病人《やまうど》描きしやまぶきの黄《きい》は咲き継ぐ待合室に

半年の余命を他にて告げられし翁の目見をわれは受け止む

手拳大《しゅけんだい》の固きしこりを鳩尾に触れたる人に言葉を選ぶ

往診をすれば翁は帰り際に一本手渡すリポビタンDを

北署より電話かかりぬわが患者みづからようべ首を括りき

二十年記せるカルテの全ページ一字一句に目を通しゆく

自死といふ生き方選びしむらぎものこころの奥にふれ得ざりけり

赤き字に「死亡」とわれが記したるカルテは以下が空白となる

診療にいそしむ三人《みたり》の息子らと自殺予防の論議をかはす

著者の欄に倅の名ある医学書を本屋に見かけただちに買ひつ

診療費払ひ得ざるに来院をためらふ人の増えゐると聞く

後発が先発をすつと抜いてゆく列車にあらず医薬品なり

年金の支給あらざる媼なり子に看取られず逝きたり独り

ユニフォームのブルー、ピンクの流行るなかわれの医院は真白《ましろ》をとほす

連れ合ひ

いただきし最中を食ぶる連れ合ひよふたつ以上は味見と言はぬ

ふくよかな妻を支ふる股関節膝関節の苦労を察す

金曜の夜の七時にわが妻は教室に行きフラガールとなる

われよりも妻宛ての方が多きかなこの頃届く郵便物は

わが妻は短歌の素材いただきに孫住む宅に日日通ひをり

小生の溜息「はー」に間をおかず「ひふへほー」を続ける人よ

空見つつ「鱗雲だ」とわれ言ひぬ横から妻が「羊雲です」

にこやかな羊の画像満ちみちぬわれは知りをり鬼面のひつじ

小夜中を鏡に向かひパックせる妻のマスクを見てしまひたり

コーヒーにシュガーはさつと溶けにけりなかなか解けぬあなたの怒り

四十年ともに暮らせる連れ合ひは思ひてゐぬか「残留」「離脱」を

おのが妻に死なれし三人のうたびとのかなしみ方を歌集に知りぬ

お互ひに言へり「あなたの連れ合ひはわたくしにしか務まりません」

夫婦にてともに健診受くる日のいつまであらむ　フェニックス仰ぐ

ぢりぢりぢりと

嬬恋といふ名の村を訪ねたし妻といふ地に生まれしわれは

妻線と高千穂線を喪ひし日向の国を「ななつ星」行く

新田原に展示されたりオスプレイぢりぢりぢりと馴らされゆくや

ＭＡＤＥ　ＩＮ　ＪＡＰＡＮ　ＳＯＮＹをいまも聴く黒く光れる携帯ラジオを

テーマ曲解説の声変はらざる「音楽の泉」日曜の朝

プラス3パーセントとて駆けてゆく日本列島を2円のうさぎ

あしひきの山かんむりに獄と書く御嶽山の嶽といふ字は

木曾節が挽歌のごとく聞こゆなり御嶽山の噴火の後は

桜島新燃岳に普賢岳阿蘇山近き川内原発

いつしかに知らぬところで進めらる川内原発稼働の策が

南海ゆ「行くぞ襲ふぞ」いく日もわれを脅かす一つ目の雲

小さきがやがて大事にならぬやう目守《まも》りゐるなり尖閣諸島

同じ人

日暮れまで壁に向かひてボール投げグラブに受けし少年時代

作曲が同じ人とは知らざりき「闘魂こめて」「六甲おろし」

キャプテンといふラーメン店に出逢ひたり肌の焼けたるファームの選手に

ピーターのファンにありける母親が名づけしといふ阿部慎之助

適時打を放ち走れば肉離れ三十六歳の阿部慎之助

がんばれよ阿部慎之助ほどほどにいまの首相とその内閣は

オリックス・バファローズがやって来た選手は食べよ宮崎牛を

小生の小学一年の頃よりぞキャンプを張れるジャイアンツなり

大還暦

センサーに二十四時間目守《まも》られて老人ホームにわが母暮らす

介護者はわれに語るもつぎつぎと母の妄想不眠粗相を

惚けたる母を叱らむとするわれに言ひきかせたり「老いだ病だ」

わが母をＤＮＲとなすべしや長男のわれは委ねられをり
（ＤＮＲ＝do not resuscitate）

認知症車椅子ながら生きてゐる九十七歳《きうじふしち》の母それで良し

あたらしき医学用語を学びたりフレイルといふ言葉に触れぬ

高速を逆走してはぶつかれる八十八歳に理由はあらず

年金の還付金詐欺を免れし一部始終を医師われは聴く

シベリアに抑留されて痛めにし膝をさすれり翁はけふも

「誤嚥性肺炎です」と告げぬれば訊かれぬ「『ごえん』って何ですか」

アパートを田に建てられて米作りもはや出来ぬと翁がこぼす

往診に行くたび媼の百歳の祝状がわれを迎へてくるる

「こんにちは」声をかくればソファーに凭るる媼は眼をひらきたり

卒寿にて逝きし医師《くすし》の歌集にて大還暦とふ言葉に遇ひぬ

生理的老化と病の境界を探りゆくなりあまたの医書に

牧水

あを色の色素をもとより含まざる空と海とをけふも眺むる

牧水の生まれ育ちし日向市に「ほろよひ学会」催されけり

かしこみて佐佐木幸綱先生の講演を聴く「牧水と酒」

牧水の焼酎ビールウイスキー葡萄酒のうたを引用されぬ

鏡開きに清酒千徳と初御代《はつみよ》と焼酎あくがれの樽が囲まる

牧水の孫と曾孫と玄孫《やしはご》に逢ひにけり「ほろよひ学会」に

耳川といふ居酒屋を過ぎぬれば牧水といふ旅館に遇ひぬ

牧水は石井十次の演説に「涙グマルル」と日記に書きき

牧水のうたを読みよみ知りにけり「かなし」は「悲し」「哀し」「愛し」を

新仮名の岩波文庫読み終へて全集開く「みなかみ紀行」

牧水の草鞋のやうな心地するウォーキングシューズ探してやまぬ

生業《なりはひ》をわれが退きなば訪れむ「みなかみ紀行」「木枯紀行」

牧水の好きな季節よ文机に向かひてをればみじか夜の明く

ドラえもんのポケット

内科医を四十年間務めたるけふも読みをり『風邪の診かた』を

込み合へる医院の廊下を小走りにトイレに向かふ視線受けつつ

聴診器当てむとすれば鮮やかなｔａｔｔｏｏがぬつと現はれにけり

禁煙は何度もやってるとうそぶきし人がやり得ぬ故人《ひと》になりたり

「肺炎を起こし最期を遂げました」喪服の妻はしづかに語る

籠球のたまより大きしこり触る初診の人の腹部を診れば

診察を三時間待ちし患者さん言ひてくれたり「お昼までですか」

ドラえもんのおなかのポケット欲しきかなわれの纏へる白衣にひとつ

夢のなかハンマー使ひいつくしき初代教授の回診につく

私が嘗て在籍した宮崎医科大学第三内科の初代教授荒木淑郎先生は神経内科の泰斗である。

有平棒

くるくると有平棒《アルヘイばう》の三色の回れる店のドアを開きぬ
いただきはまばらなるままかたはらに耳を覆へば散髪に行く

夫婦にて営む角の床屋さんにみそとせ余り通ひて来たり

剃刀を持つ理容師にのど笛を掻き切らるるは思はずに座す

髪のみにあらず髭鬚髯眉毛鼻毛耳の毛を整へてくる

宮崎の理容学校をととしに生徒の募集を停止しにけり

床屋さんがゲートキーパーになると聞きぬ自殺予防の研修会に

薬を下さい

わが医院のトイレットペーパーどなたかにきのふ誘拐せられたりけり

くつきりと医院の名をば朱色にて記せむスタンプ注文したり

前回の診療費いまだ払ひ得ぬ人を診るなり何も言はずに

生保とは生命保険と辞書にあり生活保護の略にてもあり

インスリンみづから止めたる五年後に足の壊疽にて受診する人

「モーラスをたくさん下さいあちこちに貼るので顔を除いたところに」

「ゆふべあつた『ためしてガッテン』で言つてゐた薬を下さい」と言ふ人のあり

にんにくを食べけむ人の正面ゆ顔避けながら聴診器当つ

医師法の第十九条第一項に応召義務の謳はれてをり

（「診療に従事する医師は、診察治療の求めがあった場合には、正当な事由がなければ、これを拒んではならない」と規定がある。）

ラーメンの汁は飲むなと患者さんに言ひたるわれがひと口を吸ふ

この頃はワイド版へと手を伸ばすことの増えたる岩波文庫

冷え、不眠、夜間頻尿、目の霞みむそとせ余りよつつの我に

懸命に聴かむとしつつまどろめり不眠症テーマの講演会に

若き日にマウスラットを殺めにき閻魔鼠の裁きあらむや

面差し

発熱と食欲不振これまでは母のカルテに記載はあらず

X線写真を撮れば両肺野にコイン陰影多発してをり

シフラとふ腫瘍マーカー高値なり４７・１７とあり

頑張つて食べてと言へば応へたり頑張らなくても食べてゐるよと

大好きなジャイアンツの試合さへもはやテレビに目を向けぬ母

認知症にかかれる母は肺癌の痛み苦しみを口に出《いだ》さず

達筆の行書体なり当年をとつて九十七歳の母

互助会に入りたり母の遠からぬ葬儀の予約と割引のため

年賀状喪中の葉書いづれをば用意すべしや師走を迎へ

アルバムを繰りつつ母の端整な面差しさがす遺影のために

秋の日の稚児行列にわれの手を引きつつ笑みし顔円《まろ》き母

ああ死期は遂に迫りぬ安静時呼吸困難をけふは診てをり

身をもちて肺癌ロコモ認知症如何なる病かわれに教へつ

心停止瞳孔散大呼吸停止医師なるわれが確認したり

肉親の死亡診断書初に書く一字一画乱れぬやうに

わが母の終の住処になりにけり「エリシオン」とふ老人ホーム

釦

お坊さんのお経に合はせ赤子らは哭きたててをり母の葬儀に

坊さんは私は一人でいいからね父の葬儀に母は言ひにき

熱烈なジャイアンツファンの母なりきジャビット君を柩に入れぬ

真つ先に焼香をして火葬場に釦を押せる長男のわれ

医学部の骨学実習にあらざれば熱き骨片を箸にて拾ふ

六畳の和室は今や線香のいつも匂へる部屋になりたり

つい三日前まで息をせし母がお骨になりてわが家におはす

在りし日に母のくれたる「リアップ」を髪に数滴ふりかけてみる

ははそばの母を納めぬ奥津城に零下三度に冷え込める日に
われもまたいつか姿を変へた身がこの石室にをさめられむか

銀杏城

医学部の同期生らの集ひたり銀杏城の見えるホテルに

「ほんなこつ」「何ばしよつと」「武者ん良か」宴の進めば飛びかひにけり

飾り馬六十五頭と随兵が上通下通を練り歩くなり

タクシーの運転手から耳にせり「終はれば馬肉になつとですたい」

「せいしよこさん清正公さん」と今もなほ真に親しむ肥後の人たち

焼酎にぴりりとうまき酒菜《さかな》かな熊本土産のからし蓮根

熊本にわれが学びし六年は一度たりとも地震《なゐ》は無かりき

一斉に皆のケータイ鳴り出でぬ四月十四日午後九時二十六分

ライトアップされたる城の揺るる様テレビはわれに幾たびも見す

武者返しと言はれて来たる石垣と天守閣をも地震は毀しつ

最新の熊杏《ゆうきやう》会の名簿見つつ住所「熊本」「益城」をさがす

熊本に住まふ友がきに送りたりボトルの水と携帯ラジオを

灯して眠る

あさあさに手帳開けば自らの記しし文字が指令をくるる

わが医院二十二周年を迎へたりカルテ番号１７５７５

インスリン治療をお金が無いからと拒む人あり涙を浮かべ

麻痺したる足を曳きつつ患者さんが訪《と》ひてくれたり母の葬儀に

番号をひとつ違へてゆくりなく亡き人に遇ひぬ電子カルテに

認知症進みゆく人言ひにけり「わたしの脳は留守してゐます」

病む人は人工知能の診断とわれのそれとのいづれ選ぶや

バイアグラはたアリセプトいつしかに処方せらるる日の訪れむ

宿直と受験勉強の性《さが》なるかわれは夜すがら灯して眠る

歩く

牧水のうた誦へつつけふもまた夜道をひとりウォーキングする

弓手には懐中電灯携へて日に八千歩めざして歩く

最新のミニマグライトの明るさよＬＥＤはかなたを照らす

常連の強者《つはもの》どもに遇ひたればけふの速さはわたしの勝ちだ

信号の赤なる間もわが脚は休みたまはず足踏みをする

ああけふは縦横斜めビンゴなりホテルの部屋の灯りを見れば

青色の明朝体の横書きの東横インのネオンの光る

歩くのがそれほど良きかと訊かれなばわれは必ず「応」とこたへむ

横紋筋

松明けの第一土曜わが医院の待合室に人あふれをり

「正月はいかがでしたか」「三日間炬燵の猫の生活でした」

体動時呼吸困難、両下肢の浮腫を来たせる老人《おいひと》を診る

ＢＮＰ７５０と高値なり心筋細胞草臥れたりや

（ＢＮＰ＝brain natriuretic peptide、脳性ナトリウム利尿ペプチド）

診療を終へたる夕べ白衣からぬばたまの黒きスーツに着替ふ

当院にかつて通ひて今は亡き夫婦の屋敷に「売家《うりいへ》」の札

日に三度食事を摂ればおのづと通じの来たる

そつがなく内臓機能を調節す平滑筋はわが知らぬ間に

昨今は「さるけさるけ」と歩くなりサルコペニアにならざるやうに
ウォーキングすれば媼がかたはらを追ひ越して行く忍びのごとく
早足と太極拳と鉄棒を朝な夕なにこなしたまへり

針仕事全くせざるわれの中に縫工筋とふ部位ありと聞く

よこしまな心のあらず意を受けて働きてをり横紋筋は

ピエロ

台に乗り前足上ぐるポーズとる雄ライオンの面差しを視る

球体の中を同時に三台の走り回れりＳＵＺＵＫＩのマーク

観衆のかなしみすべて吸ふごとくだぶだぶ服のピエロは歩く

フィナーレの定番なりや目隠しの空中ブランコに目を注ぎたり

サーカスの音楽とわが思ひゐし「美しき天然」はつひに流れず

歌丸師匠

立てるまま靴下さつと穿き得るか六十五歳に朝あさ試す

生家にてやがて伐られむ次郎柿の残り一つを噛みしめて食ぶ

瘦せたれど背鼻嘶に一本の筋の通れる歌丸師匠

一時間後には抜かれむ親不知わが舌先にいくたびも撫づ

局麻剤打たれてはつか二分後にわれの臼歯は欠片となりぬ

広辞苑横にルーペを手にしつつセンター試験の国語に挑む

アナログの時計廃れむ未来には時計算とふ問題あらじ

水出しのお茶を旨しと飲みてをり進化といふか退化といふか

水前寺公園の水が戻つたと友の賀状に記されてあり

橋

ときじくのかくのこのみを名にし負ふ橋のかかれり大淀川に

おのが財投じて福島邦成は初代の橋を造りたまひき

『たまゆら』に記されてあり新婚のふたりながめる夕映えの橋

「海号」は朝な夕なにわたりけむ二十世紀に橘橋を

北詰に岩切翁の佇めり六代目なる橋目守《まも》りつつ

主治医

一分の片足立ちをわれに課す朝の診療始める前に

診察の順番を待つ人たちの多くが読み入る「きょうの健康」

「猫たちに餌やる人がゐないので入院出来ぬ」と媼は応へぬ

週刊誌に「飲むな」と書かれたるお薬の効能を説くたんたんたんと

「焼酎が美味しいです」と笑む翁に「ほどほどに」とは言ひ得ざるなり

自立とふ認定結果届きたりリハビリ継続希望の人に

診察の間《あひ》にデスクのカレンダー見るなり谷内六郎の絵を

家族葬なれどもわれの参列す三十年余主治医にありて

正門を入れば錨と銛のあるこの学舎の校医なりわれは

実習船けふはいづこに漁るらむハワイ諸島の南に印す

船上に七十日を過ごしける生徒の顔は水夫《かこ》になりたり

基礎医学臨床医学習ひにき人間学を教はざりけり

遊走といへる言葉の軽からず億の精子は卵子をめざす

三匹の雄が卵を足に載せ皇帝ペンギン円陣を組む

枕辺に医書と歌集を積み上げて土曜の今宵熟睡《うまい》に落ちむ

あとがき

私は平成二十四年十一月に第一歌集『カルテ棚』を上梓した。その後も「心の花」「梁」、総合短歌雑誌などに歌を発表してきた。このたび、平成二十四年（ごく一部に平成二十三年のものがある）から二十九年春までの作品四百二首をまとめて、第二歌集『百通り』を上梓した。歌の配列は、ほぼ制作年代順であるが、中にはテーマによって、入れ替えたものもある。

歌は第一歌集と同じく、診療を題材にしたもの、中でも患者さんの歌が多い。

　百人の生まれ出づれば百通り生き方のあり逝き方がある

歌集の題『百通り』は、この歌に拠った。昭和五十一年に医学部を卒業して以来、約四十年余り内科医として、数多くの患者さんの診療にあたって来た。その経験から、同じ病気にかかったとしても患者さんの病状や病気に対する考え方が一人一人異なること、特に臨終の迎え方は様々であることを知った。それに応じて、主治医は真摯に対応してゆかねばならないことを痛感している。

視点を変えると、これらの作品は私が出会った患者さんの御蔭で生まれたものであり、この歌集をその方々に捧げたいと思う次第である。なお、平成二十七年十二月に他界した私の母もその一人である。

私は、佐佐木幸綱先生の主宰される「心の花」の会員の皆様、「現代短歌・南の会」の皆様、その他多くの歌仲間と短歌を詠むことに喜びと誇りを覚えている。今後さらに精進を重ねてゆきたい。

伊藤一彦先生には、心の花宮崎歌会で教えを仰いでいる。またこのたびは、歌集を制作するのにあたり、ご指導をいただいた上に帯文を賜り、光栄で心から有難く思う次第である。

今回の歌集の出版は、第一歌集『カルテ棚』が受賞した第十回筑紫歌壇賞を後援されている縁があり、本阿弥書店にお願いした。同書店の奥田洋子編集長および担当の佐藤碧様に厚く御礼を申し上げる。装幀は前歌集に引き続いて、間村俊一さんに引き受けていただいた。合わせて謝意を表したい。

平成二十九年八月

長嶺元久

著者略歴

長嶺元久（ながみね・もとひさ）

1951年（昭和26年）　宮崎県に生まれる
1976年　熊本大学医学部を卒業、内科医
1994年　長嶺内科クリニックを開院
2004年　竹柏会「心の花」に入会
2006年　「牧水研究会」の発足以来、事務局長を務める
2012年　第一歌集『カルテ棚』を上梓
2013年　第一歌集『カルテ棚』にて第10回筑紫歌壇賞を受賞
2013年　現代歌人協会会員

歌集　百通《ひやくとほ》り

平成二十九年十月十一日　初版発行

定　価　本体二七〇〇円（税別）

著　者　長嶺　元久

宮崎県宮崎市昭和町一九七番地一一
〒八八〇—〇八七四

発行者　奥田　洋子

発行所　本《ほん》阿《あ》弥《み》書店
東京都千代田区猿楽町二—一—八　三恵ビル
〒一〇一—〇〇六四
電　話　〇三（三二九四）七〇六八（代）
振　替　〇〇一〇〇—五—一六四四三〇

印刷・製本　日本ハイコム株式会社

ISBN 978-4-7768-1330-9 C0092（3047）　Printed in Japan

©Nagamine Motohisa 2017